कल और कल

मोहित बम्बोली

BlueRose ONE.com
Stories Matter
NewDelhi • London

BLUEROSE PUBLISHERS
India | U.K.

Copyright © Mohit Bamboli 2024

All rights reserved by author. No part of this publication may be reproduced, stored in a retrieval system or transmitted in any form or by any means, electronic, mechanical, photocopying, recording or otherwise, without the prior permission of the author. Although every precaution has been taken to verify the accuracy of the information contained herein, the publisher assumes no responsibility for any errors or omissions. No liability is assumed for damages that may result from the use of information contained within.

BlueRose Publishers takes no responsibility for any damages, losses, or liabilities that may arise from the use or misuse of the information, products, or services provided in this publication.

For permissions requests or inquiries regarding this publication, please contact:

BLUEROSE PUBLISHERS
www.BlueRoseONE.com
info@bluerosepublishers.com
+91 8882 898 898
+4407342408967

ISBN: 978-93-6452-088-1

Cover Design: Sadhna Kumari
Typesetting: Pooja Sharma

First Edition: November 2024

अभिस्वीकृति

उनकी सिखाई शिक्षा और अपना घोर ज्ञान पूंजी के रूप में मुझे देने के लिए, मैं अपने माता, पिता, स्वर्गीय दादी, दादाजी, स्वर्गीय नानी और स्वर्गीय नानाजी के तरफ आभार व्यक्त करता हूँ। यह किताब और ज़िंदगी में आने वाली सारी सफलता मैं इन सभी को समर्पित करता हूँ।

अपने बारे में

―❀―

मैंने यह किताब लिखी है।

भूमिका

यह किताब काल्पनिक साहित्य है। इसमें लिखे पात्र और सारी कहानियाँ काल्पनिक हैं।

बचपन में, मैं हर साल एक बार अपने दादाजी के साथ अपने गाँव जाया करता। उन यात्रों से मैंने अपने जीवन में जो कुछ भी सीखा, मैंने वह सब इस किताब में अभिव्यक्त किया है। हम दो दिन रेल से सफ़र करते थे गाँव जाने के लिए। उस लंबे सफ़र ने काफी अलग-अलग लोगों से मिलने का और उन्हें ज़रा जान पाने का मौका दिया। उन यात्रों के बदौलत, मैं अपने दादाजी को बहुत करीब से जान सका और जीवन के सबसे महत्वपूर्ण शिक्षाएँ प्राप्त कर सका, अपने गाँव और अपने इतिहास को जान सका और इस किताब को लिखने के काबिल बन सका। जब मैं बड़ा हुआ, काम की ज़िम्मेदारी और घटती मासूमी के कारण मेरा, दादाजी के साथ, सालाना सफ़र बंद हो गया। एक-दो साल ना जाने के बाद, मुझे उन यात्राओं की कमी और अहमियत पता लगी। तब, मैंने निर्णय लिया कि मैं अपनी सारी सीख और अवलोकन को एक कहानी के माध्यम से आप तक पहुँचना चाहूँगा। यह किताब लिखने का मेरा एक ही उद्देश्य था, कि यह किताब, या कोई एक पात्र या कोई कहानी, पाठक को अपनेपन की अनुभूति दे और उनका साथी बन सके। मैंने यही कोशिश की है कि मैं वास्तविकता के जीतने करीब रह सकूँ, रहूँ, और एक ऐसी कहानी लिख पाऊँ जो जितनी मेरी है, उतनी आपकी भी हो सके। तो इसी उद्देश्य से मैं आपको पेश करता हूँ मेरी पहली किताब, 'कल और कल'।

कल और कल

कई सालों बाद गाँव लौट रहा हूँ।
रेलवे स्टेशन, एक घंटा पहले ही पहुँच गया,
साथ में, कविता भी आई थी छोड़ने।
हमने, उन पुराने दिनों की तरह, स्टेशन से दो चाय ली और बैठ गए गपशप करने।

अब भी याद आता है वो दिन,
जब निकला था गाँव से, कल की खोज में, शहर की तरफ।
बैठा था स्टेशन पर कविता के साथ,
चाय ली, चर्चे किए, और एक खाली डिब्बे के साथ निकल पड़ा।

स्टेशन का शोर, वह भीनी-सी गंध,
खुशबू मानो या बदबू,
लेकिन है कोई बात स्टेशन की,
जो बदलते हम, तुम, मौसम और दुनिया में भी सतत है।

हाँ, कुछ चीज़ें बदली हैं,
अब ट्रेन की जानकारी एल. ई. डी. स्क्रीन पर होने लगी हैं,
कुछ होटल खुल चुके हैं,
और कुल्हड़ की चाय अब कागज़ के कप में बिकते हैं, वही ज़्यादा पानी, कम चाय।

कुछ साल हो गए गाँव जाकर,
मन में डर है कि गाँव की मिट्टी पहचानने से इनकार ना करदे।
खून, पसीना और आँसू, सब मिले हैं उस मिट्टी में,
बस डर है कि बारिश ने उन्हें तनु ना किया हो।

अपनी माई को छोड़, आया था शहर मैं,
अपना सुख, सर के ऊपर की छत और घर की रोटी छोड़ आया था मैं।
जब से आया हूँ, तब से सोया नहीं,
माँ का आँचल है, पर माँ नहीं।

उन दिनों जब दूसरी तरफ जाना होता,
तब फाटक फांदकर दूसरे प्लेटफॉर्म पर पहुँच जाते।
अब पहले प्लेटफॉर्म से आखरी तक का सफर तय करना पड़ा है,
अच्छा हुआ लोहे के बक्से से अटैची पर आ गए।

जब पहली बार आया था शहर,
तब एक लोहे का बक्सा था।
उसमें, कविता का लिखा खत, कुछ कपड़े,
और माँ के पुराने आंचल में बंधी, कुछ रोटियाँ।

अब जो अटैची है, वह छोटी पड़ रही है।
सिर्फ कपड़े और तैयार होने का सामान भर पाया,
सोचा कि खाना, आने जाने वाले स्टेशन से खरीद लूँगा।
कुछ भेंट ले जाना चाहता था, पर सोचा रास्ते में कुछ खरीद लूँगा।

साइड लोअर वाली सीट मिली;
दूसरी बार कविता को छोड़, अकेला जा रहा हूँ।
एक पहली बार था और अब, बस दो बार कविता से जुदा हुआ हूँ।
तब भी साइड लोअर वाली सीट ही मिली थी।

**

पाठ १

कुछ दिन हुए थे, बारवीं कक्षा खत्म हुए,
आगे पढ़ने की इच्छा थी।
घर के हालात कुछ ठीक ना थे,
फिर भी वालिद साहब, खांसते हुए बोले "पैसों की फिकर मत कर, बाप ज़िंदा है तेरा"।

मेरे कुछ मित्र, घर के आस पास कुछ काम करने लगे।
हमारे गाँव में ज़्यादा तरक्की हुई ना थी तब,
कुछ बड़ा करना होता तो बाहर जाना पड़ता।
लेकिन मेरी भुजाएँ काम नहीं, आराम से पढ़ना चाहते थे।

तब, बड़ी चिंता से,
माँ के कुछ ज़ेवर गिरवी रख,
एक गाय बेच,
पुराना बस्ता, नई किताबें और एक छोटी आस से मुझे पढ़ने भेजा।

आस यह थी,
कि माँ के ज़ेवर छुड़वाकर, ऊपर से कुछ और ज़ेवर ले दूँ।
वालिद साहब को, शहर के अस्पताल ले जाऊँ,
और अपने लिए शहर में एक सुंदर-सा महल बना दूँ।

कॉलेज में मुझे कविता मिली,
बहुत सुंदर, शांत और अकेले बैठी,
मुझे अपनी प्रेमिका मिली।
मैंने उनसे बात करने की हिम्मत की, वह अपनी शर्म में "हाय" बोलकर चली गई।

मैं अपने लौंडे लपाटों के साथ लाइब्रेरी जाता,
शोर कुछ था नहीं, कुछ शोर मचाने जाता।
वह वहीं पर पढ़ती,
मेरे शोर मचाने पर चिढ़ती।

वह अपने उम्र से बड़ी थी,
कुछ समझदार सी थी।
तभी तो घबराया था मैं,
पहली बार एक लड़की से नहीं, औरत से मोहब्बत हुई थी।

एक दिन, बारिश हो रही थी,
वह लाइब्रेरी से निकल रही थी।
सिर्फ हम दोनों बचे थे कॉलेज में,
काफी फिल्में देखी थी, जानने के लिए कि वही सही मौका था।

मैंने कुछ हिचकिचाहट में उनसे बात की,
उन्होंने मुझे डांटना शुरू कर दिया।
इतना बोलते नहीं देखा था मैंने उनको,
उनकी नाक फूल चुकी थी गुस्से में।

मैं पूरा समय मुस्कुरा रहा था,
उनको बोलते सुन, चैन सा आ रहा था।
कुछ समय बाद, वह शांत हुई,
हम बैठे, उन्होंने पानी पिया।

अपने गुस्से भरे नज़रों से बोला,
"अब कुछ क्यों नहीं कहते?
देख क्या रहे हो, कुछ बोलो!"
मैं बस उनकी प्यारी, ज़रा-सी तीखी, आँखों में खो गया था।

मैंने कहा, "तुम इतना ही बोलती हो घर पर?
तुमसे पहली बार मिलकर अच्छा लगा।"
इससे पहले, मैंने उन्हे सिर्फ देखा था,
तब, उस रात, पहली बार उन्हें जाना।

वह हल्की-सी मुसकाई,
शांत, नीचे देखा, और फिर ज़ोर से हँसने लगी।
कहा "मेरे लिए आते हो ना लाइब्रेरी?
अगली बार मीर ले आना, शांत बैठकर पढ़ लेंगे।"

इतना कहा, और बारिश रुक गई।
वह उठी और चल पड़ी।
मुड़कर कहा, "मीर ना मिले तो भी पास आकर बैठ जाना,
मेरा लिखा गया कुछ पढ़ लेना।"

उस रात सोया नहीं,
मीर की किताब ढूंढने में पूरी रात निकल गई, पर मिली नहीं।
अगले दिन, उनके पास जाकर बैठा,
बोला "कुछ आप ही सुना दो।"

कुछ कहानियाँ सुनाई उन्होंने,
कुछ निजी और कुछ मेरे बारे में।
अंदर से वालिद साहब को शुक्रिया अदा कर रहा था,
सामने, पता नहीं क्यों, अपनी माँ की बहू नज़र आने लगी।

सब पढ़ लिया उन्होंने,
मेरे ताली बजाने का इंतज़ार था।
मैं अपने बारात की तैयारी कर रहा था मन में,
और वह शांत, मेरा आकर उन्हें ले जाने का इंतज़ार कर रही थी।

**

मैं अंदर बैठा, कविता को अलविदा किया,
और फिर ट्रैन चल पड़ी।
मेरे सामने वाली सीट पर एक नौजवान बैठा था,
वह अपने गाँव, अपने माँ-बाप को मिलने जा रहा था।

साईड लोअर वाली सीट,
बड़ी ही असुविधाजनक होती है!
पैर लंबे, लेकिन फैला नहीं सकते;
लेकिन खिड़की है, इसलिए लंबा सफर भी शायद कट जाएगा।

सामने बैठा नौजवान अपने पिता का कारोबार संभालता है,
शहर में कुछ दुकानें, खुद अकेले चलाता है।
उसके पिता ने छोटे कारखाने से शुरू कर,
अब बहुत बड़ा ब्रांड बना लिया है।

कुछ सपने होते हैं बड़े,
जब पूरे होते हैं, तब सच्चाई है,
जब नहीं, तो एक बीमारी।
कारोबार खड़ा करना एक पेशा थोड़ी, सच हुआ सपना ही तो हैं।

जूते बेचते हैं ये,
मैंने भी चालाकी से एक जोड़ी की बात कर ली।
कह दिया उसने कि जब शहर लौटूँ तो दुकान आकार ले जाऊँ।
थोड़ा सा संदेह हुआ, खुद चप्पल पहने, जूतों की बिक्री करली!

कारोबार तो मुझे भी करना था।
वालिद साहब का कारखाना अपना अगला वारिस ढूंढ ही रहा था।
सारी पीढ़ियों में बस मैं ही पढ़ा था,
लेकिन पता नहीं था, कि मैं दौड़ा नहीं भागा था।

**

पाठ २

वालिद साहब का एक कारखाना था,
था तो खानदानी धंधा।
साइकिल रिपेयरिंग का काम था,
जीवन पहिए की गति से ही जी वालिद साहब ने।

वालिद साहब के कारखाने में,
मैं हर शनि-रवि बिताता।
नरम हाथों को ज़रा घिसने चले जाता।
जाते-आते वक्त चिट्टू भैया से टॉफी लेने के बहाने चले जाता।

सड़क आई नहीं थी गाँव तब।
साइकिल को हाथ-गाड़ी की तरह चलाकर,
वालिद साहब, पहिए के घूमने को ज़िंदगी बताते,
लेकिन मैं अलमस्त अपने टॉफी में खोए रहता।

कारखाने से घर तक के रास्ते में,
एक कचोरी वाला हुआ करता।
वालिद साहब को देख, सलाम कर,
दो कचोरी मुफ्त में दे दिया करता।

काम के अलावा, वालिद साहब को पतंगों का बड़ा शौक था।
हर रविवार, शाम ठीक पाँच बजे,
हम दोनों छत पर पतंग उड़ाने चले जाते।
अजीब बात है कि, एक पतंग जिसने सारा गाँव देखा है, वह कटने पर खो कैसे जाती हैं?

जैसे बड़े हुए, वालिद साहब से दूरी बननी शुरू हो गई।
पता नहीं जिम्मेदारी थी,
या बस संसार का नियम...
जैसे-जैसे बड़े हुए, हम छोटे नहीं रहे।

एक मौका था जब उन्हें गर्व महसूस करा सकता,
जब बीमार पड़े, तब कारखाने को चलता रख सकता।
पूछा था बहुत बार मुझे,
मैं नादान, उनकी मांग को, ज़िद् समझ बैठा।

एक ही चीज़ मांगी थी अगले ने,
पहली बार कुछ पूछा था।
शायद तभी बड़े हो गए थे,
जब से पिता की कही चीज़ पत्थर की लकीर ना होने लगी।

सपना तो वालिद साहब ने भी देखा था,
कारखाने को कुछ और दीवाली दिखाने का।
नज़रिया छोटा था मेरा जो मैं,
साइकिल के पहिए को जिंदगी से छोटा समझ बैठा था।

**

इंटरनेट नहीं चल रहा था,
और खिड़की के बाहर भी हम इतना ही देख सकते थे,
इसलिए आस पास बैठे यात्रियों से कुछ गपशप कर ली।
कुछ जान पहचान कर ली।

पास वाले सीटो पर एक दोस्तों का समूह बैठा था,
उनके साथ ज़रा ताश खेल लिया।
पैसे जाते तो ग़म ना होता,
लगातार चार बाज़ी हारने से तो बेहतर होता।

सरकार और राजनीति की कुछ बातें की,
थोड़ी गरमा गर्मी हो गई।
मुझ, नोटा वाले को तो चर्चे से अनसुना ही कर दिया।
पर इतना तो पता चल गया, अंधा सिर्फ वोट देते समय होता है समाज, पहले नहीं, बाद में नहीं।

फिर गर्मी का अंदाज़ा लगाकर, मैंने
बहुत समझदारी से सबको विचलित किया।
मैंने क्रिकेट की बात छेड़ दी।
सारी बातें भूल, सब ने आने वाले वर्ल्ड कप की उम्मीद लगा ली।

आदमी कितना सरल है!
दुखी हो, खुश हो, निराश हो,
चाहे मौत ही क्यों ना आ रही हो, क्रिकेट से सब भूल जाता है।
क्रिकेट की माया से आधी रात को भी मोहित हो जाता है।

मैंने भी डिंगे मारते हुए बताया,
स्कूल में क्रिकेट खेला करता था। कप्तान था।
सामने बैठे नौजवान ने भी बोला,
"भैया मैं भी"।

बातों-बातों में पता लगा कि
वह भी उसी मैदान में खेला करता, जिसमें मैं।
वह भी अपने स्कूल के लिए खेला करता,
पर बता दूँ आप सबको, मैं बेहतर कप्तान था। (लेकिन कभी घमंड नहीं किया।)

उन दिनों क्रिकेट खेलना बड़ी बात होती थी।
क्रिकेट की किट बड़ी महंगी थी।
लेकिन मुझे ज़्यादा खर्चा नहीं करना पड़ा,
स्कूल ने ही मेरे क्रिकेट का सारा खर्चा उठा लिया।

तब टीवी पर सचिन को देख,
लगता था, मैं भी कम थोड़ी!
टीवी पर देखा शॉट, मैदान में मार, लगता था अगला सचिन मैं ही तो हूँ।
याद नहीं पर, क्रिकेट छूटी कैसे मुझसे?

सामने वाले ने सुधाकर चाचा की भेल याद दिला दी।
हफ्ते में घर के छोटे मोटे काम कर, जो कुछ पैसे मिलते;
सारे पैसे बचाया करता, कभी-कभी तो खाना भी भुला देता,
ताकि क्रिकेट खेल, सुधाकर चाचा की भेल खा सकता।

**

पाठ ३

क्रिकेट मैदान के पास, एक पुराने टूटे सिनेमा घर के बाहर,
सुधाकर चाचा चाट बनाते-खिलाते थे।
तब वह ५० साल के थे,
पर वह कभी २० के भी हुआ करते थे।

बात सालों पहले की है।
सिनेमा घर नया खुला था,
और सुधाकर चाचा को काम की खोज थी।
तब, उन्होंने चाट बनाना सीखा और उनका और उस मोड़ का सिलसिला शुरू हुआ।

रोज़ राजेश खन्ना की फिल्म सुनते,
कभी देखते नहीं, बस लोगों के हाव-भाव से पूरी कहानी समझ जाते।
आने जाने वालों से फिल्म की चर्चा करते,
जैसे खुद राजेश ख़न्ना ने आकर कहानी समझाई हो।

चाचा कहते कि एक दिन जाएंगे ज़रूर अंदर,
पर सिर्फ अपनी प्रेमिका और बच्चों के साथ।
कुछ १० रुपए रखे थे अलग से, टिकटों के लिए,
३० साल बाद भी, गल्ले में, अलग से रखे थे वह फटे नोट।

वादा किया था उनकी प्रेमिका ने उन से,
कुछ समय बाद, छुपते-छुपाते आएगी कभी।
उनकी शर्म को सच समझ लिया था चाचा ने,
कुछ समय के रिश्ते को कल समझ लिया था उन्होंने।

शायद आई ही नहीं उनकी प्रेमिका,
या शायद कोई अच्छी फिल्म मिली नहीं; पता नहीं।
उनका राज़, सिर्फ वह ही जानते थे
अंदर कहीं दूर, सख्त चमड़ी के नीचे, छुपाकर रखा था।

कुछ साल बाद, वह सिनेमा घर बंद हो गया, खंडर बन गया।
लेकिन तब भी आए-गए लोगों को पूछते थे:-
"वह फिल्म देखी, कैसी लगी?"
शायद अपनी प्रेमिका के लिए एक अच्छी फिल्म खोज रहे थे।

तब उम्र छोटी थी,
सोच, बचकानी थी।
प्रेम का जब मुझे भी झटका लगा,
तब टूटे सिनेमा के सामने अपनी कहानी भोगने की खूबसूरती समझ आई।

**

सारे लोग जो वहाँ थे,
वे सब अपना गाँव छोड़,
दूर शहरों में काम करने आए थे।
कुछ अपने ख्वाब लेकर और कुछ मजबूरी में।

वह सब साल में दो-तीन बार अपने गाँव जाते हैं।
कोई त्यौहार हो,
कोई शादी या श्राद,
या बस माँ की याद आने पर।

मुझे कई साल हो गए गाँव जाकर।
जाकर करता भी क्या?
काम शहर में था,
और कविता भी शहर में थी।

वालिद साहब हमेशा रूठे रहते,
घर बुलाते रहते,
पर मैं जाता नहीं।
अपने घर जाने का न्योता आने पर भी गया नहीं।

मैं कुछ बना नहीं था तब।
जाता तो मिठाई के भी पैसे नहीं होते,
माँ की साड़ी और पिता के लिए घड़ी तो दूर की बात हैं।
मैंने मान लिया था कि मेरा घर मुझे स्वीकारेगा नहीं।

उन दिनों, माँ फोन कॉल करती।
एक मिनट के लिए मुफ्त था,
तो मैं एक ही मिनट बात करता।
साल दर साल, मैं गाँव से, और गाँव मुझसे, एक-एक मिनट कर, दूर होते गए।

आखरी बार गाँव चार साल पहले गए थे,
जब वालिद साहब को कंधा देने का दुरसमय आया।
नींद में गुज़र गए थे वह,
ज़िंदगी जैसी भी थी, मौत चैन में आई।

**

पाठ ४

मेरे वालिद साहब ने
पैसे शायद कम कमाए,
लेकिन शोहरत बहुत कमाई।
अंतिम यात्रा में पूरा गाँव आया था।

उनकी एक इच्छा थी, कि उन्हें लकड़ी में जलाया जाए।
तो सारा बंदोबस्त किया गया,
लकड़ी मंगाई गई, और मैंने अपनी आखरी हिम्मत के स्रोत
को अग्नि में झोंकने की बहादुरी जुटाई।

रात को पता चला मुझे;
मैं दोपहर तक गाँव पहुँच गया।
पूरे गाँव की भीड़ में,
मेरे कंधों पर दुखमय थपथपाहट और रोने के शोर के बीच, मैं घर पहुँचा।

वालिद साहब घर के बीचों-बीच लेटे थे,
माँ उनके पास।
मुझे दुख था, बहुत ज़्यादा,
लेकिन रोना तब आया जब माँ को रोते देखा।

कुछ दिनों पहले ही बात हुई थी उनसे;
चट्टान जैसा आदमी,
जिस आदमी को कभी अंधेरे से या ज़िंदगी से डर ना लगा हो,
वह आदमी रातों-रात छोड़कर कैसे जा सकता है?

माँ रो रही थी, सारी औरतें रो रही थी;
सारे आदमी अंतिम यात्रा की तैयारी में थे;
और मैं सब के बीच, बेबस और अनजान बैठा था।
पहले जब ऐसा होता तो वालिद साहब को पूछ लेते, अब किससे?

सूर्य अस्त होने को था,
गाँव वाले उसी दिन अंतिम संस्कार करने पर अड़े थे,
मगर माँ चाहती थी, एक और दिन देखले उन्हें।
अंत में, बड़े बुज़ुर्गों के कहने पर उसी दिन का फैसला हुआ।

सूर्य डूबने ही वाला था,
उस दिन ना जाने क्यों, किसी की राह में देरी कर रहा था।
माँ नहीं आई थी घाट पर;
मैं, अपने मृत पिता के ठंडे हाथ पकड़, बस सूर्य को रुकने का आदेश दे रहा था।

लोहे से कठोर हाथ,
आग जैसे गुस्से वाले आदमी,
ठंडे पड़ गए थे।
मानो विधि का विधान है, जो ठंडा, उसे ताप देना है।

सब लोग लौट गए थे,
मैं अकेले वहीं खड़ा, उनको जलते देख रहा था।
आग के हर एक कण में,
मुझे उनकी यादें नज़र आ रही थी।

जब सब खत्म हुआ,
जब वालिद साहब का कोई अंश नहीं बचा,
तब मैं घर पहुँचा।
माँ रसोई में, अपने आँसू भूल, सबके लिए चाय बना रही थी।

आदमी मरता कैसे है?
एक दिन था, फिर कैसे गायब हो जाता है?
एक बीवी और एक बच्चे ने खूब वापस बुलाया,
आदमी नींद में, सपनो में, इतना कैसे खो सकता है?

कुछ दिनों बाद,
जब बैठक खत्म हुई और कविता और बाकी सारे लोग अपने घर लौट गए;
तब मै, माँ और घर, बस हम ही थे,
पर पता नहीं क्यों, माँ ने तीन कप चाय बनाई थी।

मैंने खूब कहा माँ को, कि शहर चलो मेरे साथ;
लेकिन माँ मानी नहीं।
मुझे जाते वक्त एक गुल्लक दिया,
कहा, "तेरे पिता के इलाज के लिए बचाए थे, अब मेरे काम के नहीं।"

भरा गुल्लक, खाली मन लेकर,
मैं शहर लौट गया।
हर हफ्ते गाँव आने की बात करता,
माँ मना कर देती, रसोई का बहाना देकर फोन काट देती।

माँ का मन कैसे लगा होगा?
याद कितनी आई होगी?
प्यार क्या चीज़ है ना?
या तो चाहने वालों को रूला दो, या खुद उनके जाने का ग़म मनाओ।

**

खाने का समय हो गया था,
लेकिन मैं कुछ लाया नहीं था।
सोचा स्टेशन पर ही कुछ खा लूँगा,
वड़ा पाव, भेल या कुछ, पेट तो भर ही जाएगा।

सामने वाला पूरा चार खंड डब्बा लाया था।
रोटी, आचार, चटनी और पंच-कूटा।
सामने वाले ने मेरा इंतज़ार देखा,
और एक प्लेट पर दो रोटी रखकर मुझे दी।

मैंने औपचारिकता के हिसाब से,
मना किया। मुझे खाना तो ज़रूर था,
पर मना करना पड़ता है,
या तो रोटी गरम हो, या कोई मनाए, तभी तो खाना गले से उतरे!

बड़े होते होते, बाहर का खाना कम अच्छा लगता है,
रोटी, दाल और चावल बेहतर लगते हैं।
यह उमर के कारण है या क्या, पता नहीं,
मगर घर का, घर पर खाना अच्छा लगता है।

बड़ी अच्छी बनी थी रोटी,
और पंच-कूटा के तो क्या कहने।
माँ ऐसा ही बनाया करती,
आधी रात तक जागकर बनाती, ताकि सफर में भूखे ना रहें।

पर कितना खूबसूरत है ना,
रेल से सफर करना!
जिनको आप एक दिन पहले तक जानते नहीं थे,
उनके साथ खाना बांट रहे हो, कहानियाँ याद कर रहे हो।

माँ की याद आ गई,
किसी के घर अगर, कोई वजह से खाना ना बना हो,
अपने हाथों से पूरी दावत तैयार कर देती,
और रोटी गरम इतनी कि मनाने की ज़रूरत भी नहीं पड़ती।

**

पाठ ५

सबको लगता है ना,
कि उनकी माँ के हाथ का खाना सबसे अच्छा है।
सही लगता है।
क्योंकि सिर्फ खाने की बात नहीं है, माँ के हाथों की बात है।

गाँव में कोई होटल नहीं होता था,
ना कोई बाहर का खाना।
या तो माँ बना लेती थी,
या अगर माँ बीमार, तो हम मर्द अपने हाथ जला लिया करते थे।

मुझे मेरी माँ के हाथों का सारा खाना बेहद पसंद था।
लेकिन एक चीज़ सबसे ज़्यादा, शक्कर रोटी।
वो हर इतवार बनता, और मेरे लबों से एक सरगम निकलती,
एक प्रेम कथा थी, शक्कर रोटी और मेरी।

कविता बहुत कोशिश करती है,
लेकिन वैसा नहीं बनता।
पता नहीं, है तो सिर्फ रोटी के अंदर शक्कर,
पर सिर्फ माँ बना सकती थी।

माँ और मेरे बीच का प्रेम,
खाने से ही अदा होता।
मैं उदास, मैं नाराज़ या मैं खुश,
माँ को पता होता क्या बनाना है। सिर्फ माँ को पता हुआ है आज तक।

उन दिनों बिजली आती जाती रहती थी,
आंगन में, चूल्हे की आग की रोशनी में, खाना खाया करते।
सुबह से शाम खेती, और दो वक्त का खाना,
शाम सात बजे तक पूरा गाँव थम जाता।

जो तब खेत में उगता,
वह सब्ज़ी ही बनती घर पर।
कभी बीमार नहीं पड़े गाँव में थे तब तक।
अब बी.पी. भी है, और यह लिखते हुए थकान भी हो रही है।

अब बस यादें है उन दिनों की।
हर चीज़ घर पर बनाई जाती।
गाँव की सारी औरतें एक साथ आकर,
गप्पे लड़ाते हुए, खींचिए और पापड़ बनाती।

अब तौर तरीके बदल गए हैं खाने पीने के,
हर चीज़ बाज़ार में मिल जाती है।
ना मैंने सीखा माँ से यह सब काम,
ना माँ को लगा कि कभी वह होंगी नहीं यह सब बनाने।

**

इंटरनेट आ गया वापस।
सब अपने फोन पर लग गए,
बाते खत्म हो गई,
और सिर्फ मोबाइल में वीडियो की आवाज़ आ रही थी।

मेरे पास भी फोन है,
मैं भी पूरे दिन देखता रहता हूँ,
पर मुझे फोन इतना पसंद नहीं।
मानो मदिरे की तरह एक आदत बन चुकी है।

कुछ समय पहले फोन नहीं हुआ करते थे।
टेलीफोन थे, और चिट्ठियों का सहारा था।
टेलीफोन पर बात करने की अनुमति नहीं थी,
हर मिनिट का हिसाब रखने लायक नहीं बने थे तभी।

मेरी उमर वालों ने,
खत से टेलीफोन और फिर मोबाइल फोन का संक्रमण देखा है।
देखा है, डाकिए को, बिजली मिस्त्री को
और मोबाइल की बड़ी दुकानों को।

समय था जब एक रुपए में एक मिनिट बात कर सकते,
उसके बाद १० पैसे,
फिर आया इंटरनेट,
और हुई हमारे बच्चों की बरबादी!

पर मुझे लोग बड़े अच्छे लगते हैं,
सब अलग, सबकी अपनी कहानियाँ।
सबकी कहानियों के हीरो वे ही,
और सबकी खुशी : उनकी कहानी सुन ले कोई!

मेरी पंचात तो देखो, मुझे बचपन में डाकिया बनना था,
क्योंकि उनको सबकी कहानियाँ पता होती।
सबकी आस, उनका इंतज़ार,
और उनकी उम्मीद, यह सारी कहानियाँ लेकर घूमते थे डाकिए।

नशा हो तो कुछ किया भी जा सकता है,
कोई हल होता है।
बात ऐसी है आज कल की,
कि लोगों का साथ होना नहीं, बस "ऑनलाइन" होना काफी है।

मुझे तो खतों का ज़माना बहुत प्यारा है।
ज़्यादा देखा नहीं मैंने वह ज़माना भी,
लेकिन सिर्फ वह ज़माना अपना लगा मुझे।
लिखित जितना अच्छा हूँ उतना बताने में कभी रहा नहीं।

खतों की बात ऐसी है कि,
कोई उम्मीद नहीं।
कोई लिख ले अपने दिलों-दास्ताँ और कुछ जवाब नहीं,
कोई कोरा कागज़ भेजकर भी पा ले प्रेम-राज़ कई।

**

पाठ ६

बात है टूटे सिनेमा घर की;
जब वह टूटा नहीं था।
उस सिनेमा घर ने काफी प्रेम कथाएं,
दिखाई, और देखी भी हैं।

एक सुधाकर चाचा की,
और एक मेरी भी।
यह मेरी नई-आई जवानी का दौर था,
यह खतों का दौर था।

मैं हर महीने एक फिल्म देखता था।
तब घर पर टीवी नहीं थी,
तो, बिट्टू भैया की दुकान पर जो अखबार आते,
उनमें जिस किसी भी फिल्म की चर्चा होती, वह देख आता।

उन दिनों, फिल्म देखने-देखने में,
एक लड़की मिली, नाम... सुषमा।
वह भी बहुत बार दिखी मुझे सिनेमा घर में,
और फिर सुधाकर चाचा के ठेले के पास।

दो-तीन बार दिखी मुझे सुषमा,
फिर मैंने भी हिम्मत करकर उनसे बात छेड़ी।
बात भी ऐसे सीधे जाकर नहीं...
उनसे पहले, उनकी सहेली को अपना विश्वासपात्र बनाया।

उन दिनों खत लिखने का ज़माना था।
और सच बोलूँ तो शौक और हिम्मत,
दोनों, खत लिखने में मजबूर कर देते थे।
तो यह था मेरा पहला प्रेम प्रसंग...खत।

हमने हर महीने के दूसरे रविवार को फिल्म देखने का निर्णय किया।
हम दोनों फिल्म शुरू होने से पहले, एक दूसरे को खत देते,
और फिल्म के इंटरवल में, अपना जवाब दूसरे के खत के पीछे लिख लेते।
अब शर्मो-शर्मी की बात यह थी कि खत भी हम उनकी सहेली के द्वारा एक दूसरे को पहुँचाते!

कई महीने गुज़र गए यह करते-करते।
मैं कभी नहीं जान पाया कि उनका गाँव कौनसा था,
माता पिता क्या करते थे,
उनकी उम्र क्या थी, पढ़ती क्या थी, या पढ़ती थी भी या नहीं!

मुझे हमारे रिश्ते के बारे में यही अच्छा लगता था,
हमारी दूरी।
महीने में एक बार मिलने का उत्साह,
और महीने भर की पूरी बातें एक खत में समेटने की कशमकश।

मुझे तब भी पता नहीं था,
कि यह कब तक चलेगा!
और मुझे आज तक पता नहीं चला,
कि हमने सिर्फ एक फिल्म क्यों देखी हर महीने!

खैर, गौर इस बात पर भी कीजिए,
कि मुझे उनकी सहेली का नाम भी नहीं पता।
सच बोलूँ, तो उन्होंने बोला था,
मुझे याद नहीं रहा।

फिल्म देखते, खत देते,
और फिर मैटनी शो देखकर,
शाम को सुधाकर चाचा की चाट खाते।
पूरा समय बस एक दूसरे को निहारते।

फिर एक दिन,
सिनेमा घर में आग लग गई।
आस पास के ४-५ गाँव का एक लौता मनोरंजन का स्रोत जल गया।
बस एक ही बात हो रही थी...अब टीवी लानी पड़ेगी रवीना, माधुरी... को देखने।

मेरी समस्या कुछ और थी,
सुषमा का नाम छोड़कर कुछ और नहीं पता था मुझे।
मैं गया था उस महीने के दूसरे रविवार को,
मगर वह नहीं आई थी।

तबसे हर रविवार को जाने लगा,
इसी उम्मीद में कि उन्होंने कैलेंडर गलत पढ़ लिया होगा।
लेकिन वह फिर कभी मिली नहीं मुझे।
उस महीने की बात करनी रह गई, उनकी बात पढ़नी रह गई।

आज पता नहीं कहाँ होंगी, किसके साथ होंगी।
मैं याद होऊँगा या नहीं?
कुछ खत, कुछ कहानियाँ अधूरी भी अच्छी है,
कि क्या पता कल किसे उसकी कविता मिल जाए! या एक किताब लिख दे!

**

शाम होने को आई,
कुछ नमकीन और कुछ सोडा खाया-पीया,
सोने की तैयारी की।
रजाई निकाली, और हवा से भरने वाला तकिया।

मुझे मेरी रेल यात्रा,
मात्र इस तकिए से याद होती है।
बाकी सब घर जैसा माहौल,
मगर फर्क सिर्फ तकिए और धीमी ज़िंदगी का होता है।

संडास जाना था,
चप्पल नहीं थे, सिर्फ जूते लाया था।
बगल वाले के चप्पल पहनकर चला गया,
क्या ही पता चलेगा उसको भी! तुम मत बता देना बस।

बड़ी ही ठंडी रात थी,
रजाई पतली और छोटी पड़ रही थी।
खुशी इस बात की है कि ट्रेन की सीट गरम रहती है,
वरना बदन में मची शीत युद्ध में हारना तय था।

ट्रैन वाले, सुविधा तो खूब देते हैं।
नीली लाइट लगा दी हैं ताकि रात को चलते समय दिक्कत ना हो,
मोबाइल चार्जिंग की सुविधा कर दी है,
और मेरे जैसों के लिए खाने-पीने का अच्छा प्रबंध।

गाँव में भी ठंड बहुत होती थी रात में,
मगर ठंड लगती नहीं थी।
शहर इतना शीतल नहीं है,
वहाँ सर्दी के मौसम में भी फैन लगाकर सोते हैं।

मौसम का अंदाज़ा तो गाँव में ही होता था,
गर्मी में खून सुखा देने वाली तप,
और सर्दी में दांत कंपा देने वाली ठंड।
बारिश हो तो नदी पूरे गाँव के वडीलो के पाँव छूने खुद घर आती थी।

शहर में मौसम का कोई हिसाब नहीं मिलता,
दोपहर में धूप,
रात को ज़रा-सी ठंड, और जब मन चाहे तब बारिश।
नित्य है, तो सिर्फ प्रदूषण।

पहली बार जब शहर की तरफ आया,
तब शरीर, मौसम और खाने को स्वीकार नहीं रही थी।
पर जैसे-जैसे समय बिताया शहर में,
मेरे अस्वीकार को मैंने स्वीकार कर लिया।

घर की याद सिर्फ घर से नहीं होती,
बल्कि घर की सौहार्द,
घर की शीतलता,
और घरवालों की यादें होती है।

**

पाठ ७

गाँव में सर्दी के मौसम में ठंड बहुत होती थी।
तो जाड़े के शुरू होने से पहले ही,
जाड़े की तैयारी शुरू कर दी जाती थी।
और तैयारी ना हो या हो कमज़ोर, ऐसे में ठंड किसी को बक्श नहीं देती थी।

माँ मेथी के लड्डू बनाया करती,
बहुत कड़वे होते थे।
हर सुबह, नाश्ता वह लड्डू और खींचिए होते।
पूरा शरीर गरम हो जाता था।

रात को, मैं चूल्हे के पास बैठ जाता,
रोटियों पर घी लगाने का काम करता।
उन दिनों हल्दी की सब्ज़ी बनती थी,
ना जाने क्यों, हर गर्मी वाली चीज़ कड़वी होती थी!

मुझे ठंड का मौसम बड़ा पसंद था,
मौसम सुहाना-सा लगता था,
खाना बेहद पसंद आता था,
और नए स्वेटर और रजाई मिलते थे।

साल भर जो कपड़े बेकार हो जाते,
और कुछ और पुराने कपड़े जो माँ ने बचाए थे,
उन्हें दर्जी जी को देकर,
एक साथ सिलाकर, रजाई बना देती थी।

हमारे पूरे गाँव में एक ही दर्जी थे।
जब मैं छोटा था,
तब वे बड़े प्रसिद्ध थे,
उनकी बड़ी मांग थी।

लेकिन जिस दिन गाँव में रेडीमेड कपड़े बिकने लगे,
तब वे बड़े हताश हो गए,
सिर्फ ब्लाउज ठीक करने के काम आते,
और इसी निराशा में वह दारू के दास बन गए।

दर्जी जी को एक काम का बड़ा अभिमान था,
हर साल मंदिर का ध्वजा बनाना।
मगर जब मंदिर के प्रशासकों ने यह निर्णय लिया,
कि ध्वजा अब दुकान से मंगवाई जायेगी, तबसे दर्जी, दर्जी नहीं रहे।

फिर उस साल से,
माँ ने घर पर ही स्वेटर और रजाई बनाने की कोशिश की,
जब उनसे हो नहीं पाया,
तब हमने भी रेडीमेड खरीद लिया।

दर्जी जी की दुकान फिर कभी खुली नहीं,
दर्जी जी भी किसिको दिन में दिखते नहीं थे।
वह दुकान पुश्तैनी थी,
और उन्होंने अपनी एक लौती पूंजी, धूल के हवाले कर दी।

**

सुबह हुई,
गाँव की भीनी खुशबू आने लगी।
जो भी भूल गया था अपने अस्तित्व के बारे में,
गाँव की हवा ने सब याद दिला दिया।

ट्रैन से उतरने की एक प्रक्रिया है,
पहले, जो दोस्त बनाए, उनको अलविदा करना,
अपना सारा सामान जाँचना,
और आखिर में, झुक कर खोए हुए जूतों को खोजना।

स्टेशन आ गया,
हड़बड़ी में उतरा, ट्रैन सिर्फ एक मिनट ही रुकने वाली थी।
उतरकर, मुझे "पहुँच गया गाँव" बोलने की बहुत इच्छा थी,
मगर पता नहीं क्यों, मेरे मन के भाव, लब तक नहीं आ पाए।

स्टेशन बहुत विकसित हो गया,
यहाँ भी शहर जैसा प्रबंध हो गया है।
अब फटक नहीं,
सिर्फ सीडी चढ़कर स्टेशन पार करना था।

मुझे हर वो बारी याद है,
जब मैं गाँव से दूर रहा हूँ।
हर बार इतना विश्वास तो होता था कि गाँव मुझे भूलेगा नहीं,
मगर इस बार, मुझे डर था कि मिट्टी इन जूतों में लगेगी नहीं!

मेरी भाषा, मेरे तरीके, मेरा लिबाज़;
मैं तो निकल गया था मगर गाँव मुझसे निकलता नहीं था।
अब मैं गाँव लौट रहा हूँ,
बस चाहता हूँ कि छूटा गाँव फिर से मुझमें समाने लगे।

मुझे अब भी याद है वह दिन,
जब मैं दूसरी बार गाँव छोड़ शहर को निकला था।
पहली बार अकेले, एक खाली डिब्बे के साथ निकला था कुछ बनने,
और दूसरी बार, कुछ बनकर, कुछ बनाकर, लौट गया शहर।

**

पाठ ८

पहली बार जब गाँव से निकला था,
तब खाली हाथ,
बस कुछ अपने, कुछ अपनों के उम्मीद लिए,
वालिद साहब के कंधो का बोझा हल्का करने शहर चला गया था।

जब काम करने शहर जाने की बात हो रही थी,
कविता बहुत डर गई थी।
उन्हें लगा कि हमारी दूरी हमें दूर कर देंगी,
शायद शहर की हवा, मुझे उनके ज़ुल्फ़ों की खुशबू भुला देंगी।

लेकिन पढ़ाई हो गई थी,
कारखाना चल नहीं रहा था,
और गाँव में मेरे लायक कुछ काम नहीं था।
मेरा जाना तय था, और कविता का रूठना भी।

चाहता तो था कि ले जाऊँ कविता को भी साथ,
मगर वादा किया था रानी की तरह रखने का,
और शहर में मेरे खुदके रोटी-कपड़ा-मकान का कोई अता-पता नहीं था,
तो कैसे ले जाता महल की रानी को एक झोपड़ी में?

कुछ बातें हुई,
कुछ वादे किए,
और फिर भारी मन से मान लिया उन्होंने।
एक खत, एक खाली डिब्बी और सबको दिए वादों के साथ मैं चला गया शहर।

खूब मेहनत की,
काफी धंधे किए,
बिन सोए, बिन खाए, यादों में,
काफी मशक्कत की।

गाँव लौटा कुछ सालों बाद,
बहुत कुछ बदला,
मगर माँ, कविता, वालिद साहब नहीं बदले।
कुछ बनकर गया था, कुछ अपने ख्वाब लेकर लौटा था।

कविता से मिला,
पाँच-दस मिनट गले लगाया,
और फिर, उनकी सारी बातें,
जो उन्होंने फोन पर बताई थी, फिर से मुंह-जुबानी सुनी।

घंटो बात की,
कुछ और घंटो की बातें बाकी थी।
एक खामोशी का पल मिला,
और मैंने मौके पे चौका मार दिया।

पूछा "शादी करोगी?
इस बार अकेले नहीं जाना चाहता।
महल तो नहीं, एक मकान है,
और उस मकान को अपनी रानी का इंतजार है, अपनी लक्ष्मी का इंतजार है।"

वह काफी देर तक शांत थी,
सिर्फ मुझे घूर रही थी।
उनकी खामोशी को मैंने इजाज़त समझ ली,
और जो खाली डिब्बी के साथ निकला था, उसमें सिंदूर भरकर उन्हें सौंप दिया।

फिर क्या,
उनकी हाँ हुई,
और फिर हमारी शादी।
तब से अब तक, यह पहली बार है जब मैं कविता से इतना दूर रहा हूँ।

**

गाँव, रेल्वे स्टेशन से कुछ पचास किलोमीटर दूर है।
स्टेशन से बाहर निकल कर मैंने एक सवारी ली,
सौ रुपए में गाँव तक।
अगर एक रिक्शा या गाड़ी करता तो हज़ार रुपए उड़ जाते।

मेरा गाँव खूब अंदरूनी है।
स्टेशन से कुछ किलोमीटर तक का रास्ता बहुत अच्छा था।
फिर कुछ दस किलोमीटर बाद,
पता नहीं चल रहा था कि सड़क में गड्ढे थे, या गड्ढों में सड़क!

मेरे गाँव से शहर, एक सड़क जाने वाली थी।
गाँव के सारे लोग उस सड़क की खोज में,
अब शहर जा चुके है।
तरक्की का इंतज़ार अब मज़ाक नहीं रहा।

हमेशा एक सवाल मन में रहा है, जवाब आज तक नहीं मिला,
अगर आपको समझ आए, तो बताना।
तरक्की क्या है?
क्योंकि तरक्की मांग तो लेते है हम, मगर जब आ जाए तो हम पिछड़े कैसे रह जाते हैं?

इसी सवाल में उलझे मैंने अपना सफर काटा।
मुझे गाड़ियों में सफर करने से उल्टी होती है,
इसलिए दिमाग को उलझाए रखता हूँ,
कुछ पेचीदी बातों में।

गाँव से कुछ किलोमीटर दूर,
मुझे एक कचोरी वाले दिखे।
मैं वहीं उतर गया, कचोरी खाने।
उस कचोरी की सुगंध मुझे मेरे बचपन में ले गई।

कचोरी वाले चाचा ने मुझे पहचाना नहीं,
मगर मैंने उन्हे पहचान लिया।
एक कचोरी ली,
और जब उन्होंने पैसे मांगे, तब लगा की सारे कचोरियों का हिसाब कर दूँ।

मैंने दस रुपए दिए,
कचोरी ली, खाई,
बचपन को याद किया,
और फिर जब भीड़ कम हुई, तो बात करने चला गया।

चाचा ने पूछा "कहाँ से आए हो?
गाँव क्या काम है?
किसके बेटे हो?"
मैं जवाब दूँ उससे पहले अगला सवाल तैयार!

जब मैंने अपने वालिद साहब का नाम लिया,
तब उनकी आँखें भर गई,
हाथ मेरे कंधों पर रख लिए,
और बोले "कितना बड़ा हो गया है रे तू"।

हम दोनों ने वालिद साहब को याद किया,
कारखाने के कुछ आखरी दिनों पर शोक मनाया।
उन्होंने पूछा "कारखाना क्यों नहीं चलाया?"
इसका जवाब मुझे आज भी नहीं पता।

एक ट्रैक्टर गुज़र रहा था,
चाचा ने ट्रैक्टर वाले से मुझे गाँव तक छोड़ने को कहा।
फिर विदा लिया चाचा का, और गाँव की ओर निकल पड़ा,
ज़हन में एक नया पेचीदा सवाल लेकर।

**

पाठ ९

बात-चीत हुई थी मेरे भविष्य पर,
क्या मैं पढ़ाई कर बाहर जाऊँगा,
या खानदानी कारखाना चलाऊँगा?
मैं छोटा था, समझ नहीं थी, बस वालिद साहब पर भरोसा था।

मेरे दादाजी हमेशा चाहते थे कि,
घर में कोई पढ़ लिखकर कुछ बड़ा करे।
मेरे दादाजी के असमय गुज़र जाने के कारण,
मेरे वालिद साहब को घर और कारखाने का दारोमदार, छोटी उमर में ही उठाना पड़ा।

वालिद साहब नहीं चाहते थे,
कि मुझ पर कोई खानदानी बोझ हो।
वह चाहते थे कि मैं वो करूँ जो मेरा मन करे,
मैं उनसे भी बेहतर काम करूँ।

वालिद साहब की ख्वाइश से,
मैंने आगे तक पढ़ाई की।
पढ़ाई कर, शहर भी गया,
और शहर में एक अच्छी सी ज़िंदगानी बनाई।

मगर मामला हमेशा इतना सरल न था,
ज़िंदगी हमेशा खुशाल न थी।
बड़े से शहर में खो जाना बहुत आसान है,
और हर रोज़ खुद को खोजना उतना ही कठिन।

जब नया-नया आया था शहर,
शहर को जानने में मैंने खूब समय लगाया।
मैं पूरे शहर से दो कदम धीमे चल रहा था,
अकेला था, लाचार था, डर गया था।

उन दिनों, जब अकेला-सा लगता था,
जब कोई उत्तर नहीं होते थे,
मन में सिर्फ सवाल ही सवाल हुआ करते थे,
एक गाना गया करता था :

"हे माँ मने घरे बुलावो।
थे मने जल्दी बुलावो।
इतरो बड़ो मंजिल राखणे,
अबे डर लागे,
मने घरे बुलाबो।
हे माँ,
थारी शक्कर री रोटी,
थारी जाड़ी रोटी,
थारा हाथ रा फुल्का,
हे माँ मने घरे बुलावो।
थे मने अठे एकेलो भेजो,
मै अठे घुमतो अकेलो,

पाठ ९

बात-चीत हुई थी मेरे भविष्य पर,
क्या मैं पढ़ाई कर बाहर जाऊँगा,
या खानदानी कारखाना चलाऊँगा?
मैं छोटा था, समझ नहीं थी, बस वालिद साहब पर भरोसा था।

मेरे दादाजी हमेशा चाहते थे कि,
घर में कोई पढ़ लिखकर कुछ बड़ा करे।
मेरे दादाजी के असमय गुज़र जाने के कारण,
मेरे वालिद साहब को घर और कारखाने का दारोमदार, छोटी उमर में ही उठाना पड़ा।

वालिद साहब नहीं चाहते थे,
कि मुझ पर कोई खानदानी बोझ हो।
वह चाहते थे कि मैं वो करूँ जो मेरा मन करे,
मैं उनसे भी बेहतर काम करूँ।

वालिद साहब की ख्वाइश से,
मैंने आगे तक पढ़ाई की।
पढ़ाई कर, शहर भी गया,
और शहर में एक अच्छी सी ज़िंदगानी बनाई।

मगर मामला हमेशा इतना सरल न था,
ज़िंदगी हमेशा खुशाल न थी।
बड़े से शहर में खो जाना बहुत आसान है,
और हर रोज़ खुद को खोजना उतना ही कठिन।

जब नया-नया आया था शहर,
शहर को जानने में मैंने खूब समय लगाया।
मैं पूरे शहर से दो कदम धीमे चल रहा था,
अकेला था, लाचार था, डर गया था।

उन दिनों, जब अकेला-सा लगता था,
जब कोई उत्तर नहीं होते थे,
मन में सिर्फ सवाल ही सवाल हुआ करते थे,
एक गाना गया करता था :

"हे माँ मने घरे बुलावो।
थे मने जल्दी बुलावो।
इतरो बड़ो मंजिल राखणे,
अबे डर लागे,
मने घरे बुलाबो।
हे माँ,
थारी शक्कर री रोटी,
थारी जाड़ी रोटी,
थारा हाथ रा फुल्का,
हे माँ मने घरे बुलावो।
थे मने अठे एकेलो भेजो,
मै अठे घुमतो अकेलो,

थारी याद में अबे तक मै नी सोयो,
हे माँ मने घरे बुलावो।
हे माँ मने थे लेवने आवो,
हे माँ मने घरे बुलावो।"

शहर बहुत दूर है,
बहुत बड़ा है,
किसी का सगा नहीं है।
शहर काम, मकान, शोहरत है, मगर घर नहीं।

क्या करें, जाना पड़ता है।
कौन चाहता है घर छोड़कर जाना,
चार रुपए कमाने जाना पड़ता है।
कल और परसो का सोचकर घर छोड़ना पड़ता है।

**

सूर्यास्त होने से पहले गाँव पहुँच गया।
बहुत कुछ वैसे का वैसा ही है।
गाँव के बाहर का मेहराब, गाँव का रक्षक मंदिर और बिट्टू भैया की दुकान,
सब वैसे का वैसा ही है।

गाँव में, घबराहट के साथ प्रवेश किया,
घर की तरफ गया।
मैंने देखा कि घर को धूल ने अपना लिया है,
और यह घर अब रहने लायक नहीं।

माँ कहा करती थी,
कि हमारे घर में हमारा कुल है।
मकान चाहे कितने खड़े कर लो,
घर एक ही रहेगा।

मैंने कुलदेवता की पूजा की,
खोपरे की ज्योत की,
आस पास जो बच्चे दिखे, सबको प्रसाद दिया,
और फिर धर्मशाला में रहने चला गया।

पुजारी जी मिले वहाँ, लेकिन मैं उन्हें नहीं जानता था।
लेकिन पुजारी जी को पूरे गाँव की खबर है।
रजिस्टर में मेरा नाम नहीं, मेरा कुलनाम लिखा गया,
गाँव में सब आपको आपके कुलनाम से पहचानते है।

धर्मशाला में, सूर्यास्त के बाद खाना नहीं मिलता,
इसलिए खाली पेट ही सो गया।
सुबह उठकर सोचा दूध ले आऊँ,
मुझे शांतला दीदी के तबेले की तरफ भेजा गया।

मुझे पता लगा कि,
पिछले कुछ सालों से गाँव में एक नई जानलेवा बीमारी आई है,
जिसके कारण गाँव के सारे गायों पर नकारात्मक प्रभाव पड़ा है।
इस बीमारी के कारण, गाँव में दूध अमूल्य हो गया है।

मैंने आधा लीटर दूध मांगा,
दीदी ने मुझे पहचाना नहीं,
और दूध देने से मना कर दिया।
कहा दूध सिर्फ गाँव वालो के लिए है, बाहर वाले पैकेट खरीदें।

जब दूध नहीं मिला,
तब याद आया,
बिट्टू भैया पैकेट वाला दूध बेचते थे,
क्यों ना वही से ले लूँ!

मैं झट से गया बिट्टू भैया के दुकान,
उन्होंने मुझे पहचाना नहीं।
कुछ देर याद दिलाने के बाद,
बिट्टू भैया ने, पुराने दिनों की तरह एक टॉफी दी, और दूध का हिसाब भी नहीं किया।

हमारे गाँव में,
सबसे पहले बिट्टू भैया ही थे जिन्होंने
पढ़ाई लिखाई में अपना हाथ आज़माया।
हमारे गाँव की सालो पुरानी दंतकथा है यह भी।

**

पाठ १०

बिट्टू भैया हमारे स्कूल के सबसे होनहार विद्यार्थी थे,
ना उनसे पहले कोई, ना उनके बाद,
किसी ने उनके रिकॉर्ड नहीं तोड़े थे।
वह हमारे पूरे गाँव के उम्मीद और गर्व के पात्र थे।

उन दिनों बिट्टू भैया यू.पी.एस.सी. की तैयारी कर रहे थे।
दिन में दस-पंद्रह घंटे पढ़ते।
ना कोई खेल कूद, ना कोई मटरगश्ती,
सिर्फ वह, उनकी किताबें और उनका लक्ष्य।

पहली कोशिश में वे सिर्फ पाँच अंक से रह गए थे,
लेकिन उन्होंने हार नहीं मानी।
घर वालो का, गाँव वालो का, और खुद का सपना पूरा करने,
कुछ अकल्पनीय करने की ठान लिए थे।

बिट्टू भैया दर्जी जी के बेटे थे,
और जब दर्जी जी ने काम करना बंद कर दिया,
और दारू ने उनके अंगो को मार दिया,
बिट्टू भैया को निर्णय लेना था, सपना या ज़िम्मेदारी।

शुरुआत में, गाँव वालो ने बहुत सहायता की,
पैसे, गेहूँ, चावल, दूध, सब दिया।
मगर उधार जब बढ़ने लगा, तब लोगों को उनकी गलती समझ आई,
कि दर्जी को सहानुभूति की नहीं, काम की ज़रूरत थी।

तब बिट्टू भैया ने फैसला किया,
और, एक किराने की दुकान लगाई।
घर पर जो कुछ पैसे थे,
और जो उधार ले सकते थे, लेकर धंधा शुरू किया।

खुदका, घर का, और अपने पिता का,
पूरा कर्ज़ उतार दिया।
आज गाँव की सबसे बड़ी दुकान चलाते हैं,
गाँव का गुरूर तो आज भी है बिट्टू भैया।

अपने सपने मार दिए थे भैया ने।
कुछ चीज़े अधूरी ही ठीक है शायद।
या शायद यह दिलासा ही सही,
समय के साथ मजबूरी, मजबूर को आदत लगने लगती है।

मगर मैं भी कभी कभी सोचता हूँ,
क्या होता अगर कारखाना चला लिया होता,
घर छोड़ा ना होता?
क्या आज धूल की जगह एक खिलखिलाता आँगन होता?

**

दूध लेकर धर्मशाला पहुँचा,
रसोइया को चाय बनाने की दरखास्त की।
जब तक चाय बन रही थी,
मैं पुजारी के बच्चों के साथ खेल रहा था।

चाय बन ही रही थी,
कि सरपंच जी आए, हिसाब किताब के काम से।
आज जो सरपंच जी है, वे मेरे स्कूल के हेड मास्टर हुआ करते थे।
उनकी भी एक अनोखी कहानी है।

गाँव में यह एक मिथक है
कि मास्टर जी पहले घंटी बजाने वाले चपरासी थे,
और फिर धीरे धीरे, समय के साथ, अध्यापक बने और फिर हेड मास्टर।
इसी कहानी के चक्कर में गाँव के आधे बच्चों को चपरासी बनना है।

खैर, अच्छा हुआ सरपंच जी सुबह ही मिल गए।
मैंने मेरे काम की बात भी कर ली सरपंच जी से,
और उन्होंने मुझे नहा धोकर आने को कहा;
पंचायत ऑफिस में कागज़ी कार्रवाई होनी थी।

मैं गाँव इसलिए आया हूँ
क्योंकि आज मेरा यह घर बिक रहा है।
आज सारे कागज़ पर हस्ताक्षर करने है,
और घर की चाबी सौंपनी है।

कुछ महीनों पहले माँ बीमार पड़ गई थी,
और सारी बचत खत्म हो गई थी।
वालिद साहब के इलाज के लिए जो गुल्लक भरा था,
वह भी माँ के इलाज में लगा दिया, फिर भी पैसे कम पड़े।

कोई और रास्ता नहीं था,
मुझे घर का सौदा करना पड़ा।
घर बेचने के जो पैसे मिले, वह मैंने इलाज में लगा दिए,
अब संसार की साज़िश देखो, ना घर बचा ना दुनिया।

अब माँ नहीं रही,
माँ का घर नहीं रहा।
कुलदेवता को बहुत धीरे से और अराम से उठाया,
और कहा "अब नए मकान को घर बनाना है।"

बस यह आखरी दर्शन था गाँव का,
अब यह मेरा गाँव नहीं।
मेरे पूर्वज आज खुश नहीं होंगे, ना मेरे वंशज,
बस आशा है, यह किताब से वे सब एक बार मेरे गाँव आ सके।

अब कल की कहानी, कल के हवाले कर रहा हूँ।
कुछ किस्से, कुछ सीख, कुछ गलतियाँ और मेरे दिल का एक टुकड़ा,
उस धूल भरे आँगन में, रोटी, राजाई, पतंगों और यादों के साथ दफन कर,
यह गाँव छोड़ रहा हूँ। आखिरी बार इस बार।

**

अगर आपने यह किताब यहाँ तक पढ़ ली है तो मैं आपका तहे दिल से शुक्रिया अदा करता हूँ और आशा करता हूँ कि यह किताब और इसमें लिखित कुछ कहानियाँ और किरदार आपके दिल को छू पाई और यह आपके समय और ध्यान के लायक थी। अगर कोई भी कहानी या किरदार से आपको अप्रसन्नता हुई हो या किसी भी तरीके से ठेस पहुँची हो, तो मैं नतमस्तक होकर आपसे क्षमा माँगता हूँ। मेरी यही दरख्वास्त रहेगी कि यह किताब आप भी अपने कल और कल के साथ बाँटे, कुछ मेरी और कुछ अपनी कहानियों के साथ।

www.ingramcontent.com/pod-product-compliance
Lightning Source LLC
LaVergne TN
LVHW041225080526
838199LV00083B/3366
* 9 7 8 9 3 6 4 5 2 0 8 8 1 *